SIMPLEMENTE CHARLI

MIS SECRETOS PARA QUE BRILLES SIENDO TÚ

CHARLI D'AMELIO

CHARLI D'AMELIO

SIMPLEMENTE CHARLI !

El papel utilizado para la impresión de este libro ha sido fabricado a partir de madera
procedente de bosques y plantaciones gestionadas con los más altos estándares ambientales,
garantizando una explotación de los recursos sostenible con el medio ambiente y beneficiosa para las personas.

Simplemente Charli

Título original: *Essentially Charli*

Primera edición en España: diciembre de 2020
Primera edición en México: diciembre de 2020
Primera reimpresión: marzo de 2021

D. R. © 2020, Charli D'Amelio

D. R. © 2020, Penguin Random House Grupo Editorial, S. A. U.
Travessera de Gràcia, 47-49, 08021, Barcelona

D. R. © 2021, derechos de edición mundiales en lengua castellana:
Penguin Random House Grupo Editorial, S. A. de C. V.
Blvd. Miguel de Cervantes Saavedra núm. 301, 1er piso,
colonia Granada, alcaldía Miguel Hidalgo, C. P. 11520,
Ciudad de México

penguinlibros.com

D. R. © 2020, Steph Stilwell, por las ilustraciones y el diseño del libro
D. R. © 2020, Alícia Astorza, por la traducción

Publicado originalmente en 2020 por Amulet Books, un sello de ABRAMS.

Impreso en los talleres de Litográfica Ingramex, S.A. de C.V.
Centeno 162-1, Col. Granjas Esmeralda, C.P. 09810, Ciudad de México.

ISBN: 978-607-319-988-9

Impreso en México – *Printed in Mexico*

PARA LA GENTE
QUE ME APOYA

ÍNDICE

PARTE UNO

INFANCIA

¡Pasa rápido las esquinas y verás a Charli BAILANDO!

Nací y crecí en Connecticut, y empecé a bailar a los pocos años. Cuando era pequeña estaba loca, ¡toda mi vida giraba alrededor del baile! O sea, desde los cinco años ya le dedicaba cuarenta y ocho horas a la semana. Y a los tres años ya me presentaba en escenarios. Durante mi «primera presentación» sobre uno, ¡no pude moverme después de que se me atoraran los lentes de sol con mi disfraz de muñeco de nieve!

¿Recuerdas alguna situación vergonzosa
o divertida que te ocurrió de pequeña?

CURIOSIDADES
DE CHARLI

¡Mi cumple es
el 1 de mayo!

SWEET SIXTEEN!

Cuando era pequeña prácticamente vivía en el estudio de baile, pero porque era divertido. ¡Y hace poco monté mi primer estudio privado en casa! Al principio no tenía demasiada vida social, porque si alguien me proponía algún plan que no fuera bailar les decía que ¡no, gracias! (¿Y qué se pone la gente cuando sale a cenar? Todavía no lo sé. ¿Leggings?)

MI MEJOR AMIGA DE LA INFANCIA TAMBIÉN ES BAILARINA, Y EL BAILE ES MUY IMPORTANTE EN NUESTRA AMISTAD.

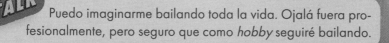

REAL TALK Puedo imaginarme bailando toda la vida. Ojalá fuera profesionalmente, pero seguro que como *hobby* seguiré bailando.

De pequeña tenía un pingüino de peluche que todavía con
servo. No tiene nombre. Después mi abuelo me regaló un
segundo pingüino de peluche. Mi abuelo murió cuando yo
tenía nueve años y puse uno de los pingüinos en su ataúd.
Por eso, cuando la gente me pregunta cuál es mi animal
preferido, respondo que el pingüino. Es una historia sentimental mía y, a la vez, un bonito recuerdo de mi abuelo.

Tengo muchísima suerte de contar en mi vida con mi hermana mayor, Dixie. Hemos vivido muchas cosas juntas y no creo que hoy en día fuera quien soy si no la tuviera a ella.

¿Tienes algún objeto sentimental?
¿Cuál es su historia?

_____
_____
_____
_____
_____
_____
_____
_____
_____

CURIOSIDADES DE CHARLI

Cuando era pequeña, me encantaba leer libros de misterio y de crímenes reales.

Mi abuelo era un carpintero excelente que además hacía proyectos de arquitectura, y construyó la casa donde vive mi abuela. Me llevaba a su tienda y hacíamos objetos decorativos de madera juntos. También tenía un bote, pero nunca lo sacaba al agua; estaba amarrado en la entrada de su casa. Mis primos y yo nos pasábamos horas y horas en él.

Adoptamos a Rebel, mi labrador chocolate, justo después de que muriera mi abuelo. La llamamos Rebel («rebelde») porque nos pareció que era una señal.

Rebel y yo siempre hemos tenido una conexión muy especial. Me encantan los perros grandes y me la paso genial con ella. En casa tenemos tres perros más: Cali (golden retriever), Cody (cockapoo) y Belle (habanera).

PUPPY LOVE

CURIOSIDADES
DE CHARLI

De momento, mis disfraces
de Halloween favoritos
son el de la jueza Judy,
el de maíz dulce y el
de la niña de *El aro*.
Me encantan las pelis de miedo,
y fue genial disfrazarme
de un ser terrorífico.

PARTE DOS

AMISTAD

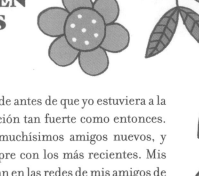

LOS AMIGOS DE VERDAD SON LOS QUE TE HACEN SENTIR QUE PUEDES SER TÚ MISMA AL CIEN POR CIENTO.

Conozco a algunos de mis mejores amigos desde antes de que yo estuviera a la vista de todos, y seguimos teniendo una relación tan fuerte como entonces. Últimamente he tenido la suerte de hacer muchísimos amigos nuevos, y es genial poder juntar a mis amigos de siempre con los más recientes. Mis amigos nuevos de Los Ángeles a veces comentan en las redes de mis amigos de Connecticut y es muy bonito, porque no se conocen y yo soy lo único que tienen en común. Me hace muy feliz ver que se dejan comentarios los unos a los otros; aunque no se conozcan, todos se apoyan entre ellos, son amables y tienen ganas de conocerse en persona algún día.

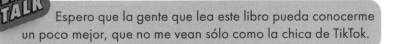

REAL TALK

Espero que la gente que lea este libro pueda conocerme un poco mejor, que no me vean sólo como la chica de TikTok.

TODOS MIS AMIGOS SON
MUY DIFERENTES, PERO
LOS QUIERO POR CÓMO
ME HACEN SENTIR.

PARA LAS QUE SON TÍMIDAS, COMO YO: NO DEJEN QUE LAS AFECTEN LOS DEMÁS.

¡Justo antes de subirme al escenario con Bebe Rexha! Estaba supernerviosa, pero al salir a escena y dejarme llevar por completo, ¡recuperé toda la confianza!

BE CONFIDENT IN WHO YOU ARE

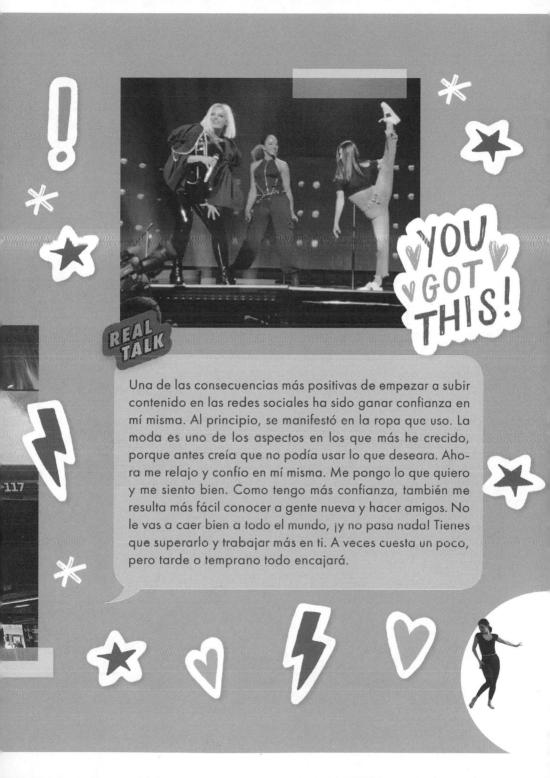

YOU GOT THIS!

REAL TALK

Una de las consecuencias más positivas de empezar a subir contenido en las redes sociales ha sido ganar confianza en mí misma. Al principio, se manifestó en la ropa que uso. La moda es uno de los aspectos en los que más he crecido, porque antes creía que no podía usar lo que deseara. Ahora me relajo y confío en mí misma. Me pongo lo que quiero y me siento bien. Como tengo más confianza, también me resulta más fácil conocer a gente nueva y hacer amigos. No le vas a caer bien a todo el mundo, ¡y no pasa nada! Tienes que superarlo y trabajar más en ti. A veces cuesta un poco, pero tarde o temprano todo encajará.

¡EJEMPLOS PARA SEGUIR!

Para mí, Lady Gaga y J. Lo son dos ejemplos a seguir. Tuve la suerte de conocer a J. Lo y ojalá algún día conozca a Lady Gaga.

Hay muchas personas que son referentes para mí, pero las más importantes son mis amigos. Sin decir nombres ☺, estos son los motivos:

* Es muy extrovertida y tiene una personalidad fuerte.
* Su actitud es del plan: «¡Puedes decir lo que quieras de mí y no me harás daño, porque no me rebajaré a tu nivel!».
* Es supertrabajadora, incluso cuando es duro.
* Me ha ayudado en muchos momentos difíciles.
* No importa por lo que esté pasando, ¡siempre tiene claras sus prioridades!
* Haga lo que haga, se asegura de que le encante.
* Lo da todo al cien por ciento. (Y eso es muy difícil en el mundo de las redes sociales, porque es muy absorbente y requiere mucho tiempo. Tienes que preparar mucho tu contenido y entregarte a los fans. Aunque es divertido, ¡a veces parece que tienes que estar conectada siempre!)

HARDWORKING

SUPPORTIVE

PASSIONATE

¿Qué cualidades
te gustan de tus amigos?

CURIOSIDADES DE CHARLI

Para mí, la noche perfecta con mis amigos consiste en ir por ahí en coche, comer helado y escuchar música.

FUN TIMES

CURIOSIDADES DE CHARLI

Si pudiera ir de invitada a cualquier serie de televisión, escogería *American Horror Story*. ¡Es increíble! Mi temporada favorita es «Coven».

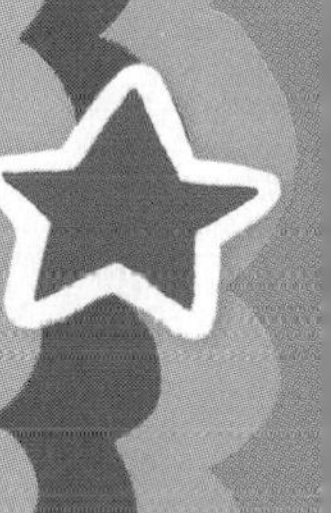

VIAJAR CON TUS MEJORES AMIGOS ES MUY DIVERTIDO.

FUN IN THE SUN

A mis amigos y a mí nos ENCANTA viajar juntos. El mejor viaje que he hecho fue a Hawái con todos mis amigos. ¡Fue muy muy divertido! Teníamos una villa entera para nosotros solos y fue genial vivir con mis mejores amigos durante una semana. Pero mi lugar favorito del mundo es las Bahamas. Íbamos cuando era pequeña, ¡y hace poco volví con todos mis amigos y reviví los recuerdos de mi infancia! Cuando eres mayor es lindo poder pasear por la noche y disfrutar del calor. Hawái me encanta por las experiencias, y las Bahamas por el paisaje.

Si mis amigos tuvieran que describirme en sólo tres palabras, dirían:

ENERGÉTICA, DIVERTIDA
(ES ENTRETENIDO VERME BAILAR EN PÚBLICO)
Y GENUINA.

¿Cuáles son las tres palabras
con las que te describirían tus amigos?

UNA DE LAS COSAS QUE HE APRENDIDO ES QUE ES MUY IMPORTANTE MIRAR MÁS ALLÁ DE LAS ETIQUETAS CUANDO ESCOGES A TUS AMIGOS.

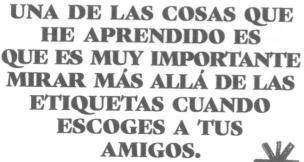

REAL TALK ¿Te pone nerviosa hacer amigos nuevos? Una buena manera de romper el hielo y empezar a conocer a alguien es ser curioso y hacerle preguntas sobre su vida.

Muchos de mis amigos de ahora no son las mismas personas de cuando tenían once o trece años. En esa época había dramas de todo tipo y ahora nos acordamos y nos reímos. A mucha gente se le etiqueta o se le encasilla con cosas que no tienen nada que ver con ellos. Me alegro mucho de haber empezado a conocer a fondo a las personas para ver cómo son de verdad. Ahora escojo a mis amigos por cómo me hacen sentir y si puedo ser yo misma cuando estoy con ellos. ¡Los quiero mucho!

BE YOU

WHOA

¿Tienes alguna amistad que te haya sorprendido?

_____

_____

_____

_____

_____

_____

_____

_____

FRIENDSHIP

Amistad

CUTIES

BFF

PARTE TRES

MODA

Cuando era pequeña siempre llevaba ropa de baile. Ahora, si no ando con unos leggings y una sudadera, lo que me hace sentir más cómoda es ponerme unos jeans de tiro alto y un top corto. ¡Y me encantan las chamarras, del tipo que sean!

Describiría mi estilo como *comfy chic*: a la moda pero cómoda. ¡Me pongo lo que yo quiera!

COMFY CHIC

¿Cómo describirías tu estilo?

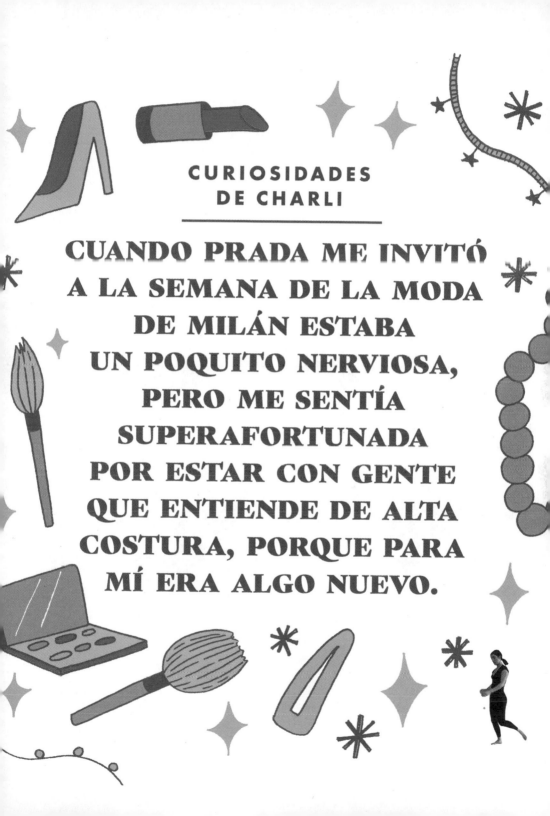

CURIOSIDADES DE CHARLI

CUANDO PRADA ME INVITÓ A LA SEMANA DE LA MODA DE MILÁN ESTABA UN POQUITO NERVIOSA, PERO ME SENTÍA SUPERAFORTUNADA POR ESTAR CON GENTE QUE ENTIENDE DE ALTA COSTURA, PORQUE PARA MÍ ERA ALGO NUEVO.

¡MILÁN FUE SUPERLINDO!

Cuando recibí la invitación no me la creía. Toda la gente de mi círculo entiende de moda, pero ¡yo soy sólo la chica que se pone sudaderas y leggings y que baila como *hobby*! Ni siquiera había ido nunca a un desfile. En ese viaje todo fue muy muy glamuroso, incluso vi a Bella y Gigi Hadid en el restaurante de un hotel. ¡Estuvo increíble!

Prada, que me vistió para la ocasión, entendió muy bien mi estilo. Escogieron prendas que me recordaban a las que suelo ponerme normalmente, sólo que eran de alta costura. Me encantó toda la experiencia.

GLAM

No me compro mucha ropa, ¡siempre me pongo la de mi hermana mayor! Odio ir de compras, pero Dixie es muy buena en eso. Es que no tengo la energía necesaria para probarme toda la ropa y eso. Pero los bolsos me encantan. Mi favorito tiene detalles astrológicos.

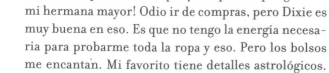

¿Cuál es tu prenda o accesorio favorito
de tu armario ahora mismo?

PARTE CUATRO

CRECER

A MEDIDA QUE CREZCO HE CAMBIADO EN ALGUNOS ASPECTOS IMPORTANTES:

* ¡Tengo muchísima más confianza en mí misma!
* He tenido la oportunidad de hacer un montón de cosas increíbles.
* Nunca he sido una persona supersociable, pero ahora no me pongo tan nerviosa cuando conozco a gente nueva.
* Da igual con quién esté, siempre puedo hacer amigos y hacer que la gente se sienta más a gusto.
* Sé que no soy muy convencional, pero eso no es malo.
* Me estoy dando cuenta de quién soy de verdad, algo que nunca había podido explorar.

CONFIDENCE

OPPORTUNITIES

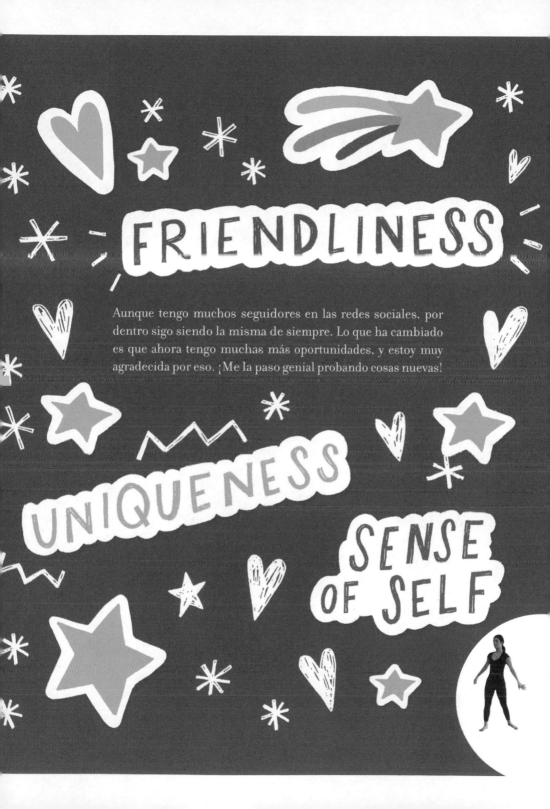

FRIENDLINESS

Aunque tengo muchos seguidores en las redes sociales, por dentro sigo siendo la misma de siempre. Lo que ha cambiado es que ahora tengo muchas más oportunidades, y estoy muy agradecida por eso. ¡Me la paso genial probando cosas nuevas!

UNIQUENESS

SENSE OF SELF

**HE APRENDIDO QUE A MENUDO
LAS COSAS NO SALEN
COMO LAS HABÍAS PLANEADO...
A VECES SALEN MEJOR.**

BE FLEXIBLE AND OPEN TO CHANGE

EVERYTHING WORKS OUT

A veces me gustaría que las cosas salieran de cierta manera, pero no ocurren como yo quería. ¡Eso no es malo! Aunque no siempre puedas controlar por completo el resultado, al final todo sale como tenía que salir.

CHANGE

¿En qué aspectos has cambiado
en los últimos años?

_____

_____

_____

_____

_____

_____

_____

_____

_____

GROWTH

SIEMPRE HE PENSADO QUE TIENES QUE PROBAR DE TODO UNA VEZ PARA SABER QUÉ TE GUSTA Y QUIÉN QUIERES SER.

No estoy segura de dónde quiero estar dentro de cinco años. Me dejaré llevar. En cuanto al futuro, creo que lo mejor es escucharse a uno mismo y ver qué te hace feliz. Me quedaré con lo que me haga feliz en cada momento. Ahora, eso significa seguir por este camino. No me refiero necesariamente a las redes sociales, ¡sino a hacer lo que me gusta!

A medida que creces, todavía estás descubriendo quién eres. No pienses que tienes que hacer lo mismo que todo el mundo; no pasa nada si no encajas, siempre y cuando tú te sientas bien. ¡Haz caso a tu instinto!

IT'S OK TO BE DIFFERENT

REAL TALK

Ahora tomo mis clases por internet, pero antes mis profes me describían como diligente, respetuosa y trabajadora. Les caía bien a todos los profes. Siempre sacaba buenas calificaciones, participaba en clase, hacía la tarea y escuchaba con atención.

BE TRUE TO YOURSELF

Me gustaba conocer a gente de todos los grupitos que había en la escuela.

Puedes aprender muchísimo de personas que han vivido experiencias diferentes o que tienen otros puntos de vista. Hay que ser de mente abierta, no hacer conjeturas sobre los demás y preguntarles tú misma. Es una manera fantástica de romper el hielo y conocer mejor a alguien. ¡Quizá incluso haces un nuevo amigo!

LABELS DON'T MATTER

ME ENCANTARÍA IR A LA UNIVERSIDAD, SUPONGO QUE IRÉ ALGÚN DÍA. DEPENDERÁ DE QUÉ ESTÉ HACIENDO Y QUÉ PASE EN ESE MOMENTO. EN CUALQUIER CASO, SIEMPRE PUEDO IR MÁS ADELANTE SI QUIERO.

¿Has pensado si te gustaría ir a la universidad
y qué quisieras estudiar?

_____
_____
_____
_____
_____
_____
_____
_____

¿Por qué quieres ir a la universidad
o escoger otra trayectoria?

_____
_____
_____
_____
_____
_____
_____
_____
_____

DE ENTRE
TODA LA GENTE,
SIEMPRE SOY
MÁS EXIGENTE
CONMIGO MISMA.

Los únicos momentos en que me siento saturada por los seguidores que tengo en las redes sociales es cuando me dan ganas de compartir cómo me siento, pero no quiero que la gente me vea triste. Es uno de los aspectos más difíciles. Pero estoy trabajando en eso y me aseguro de que lo que digo sea lo que siento, no sé si me explico.

NO SUELO HABLAR DE LAS COSAS QUE ME HAN OCURRIDO, PERO HE PASADO POR ÉPOCAS DIFÍCILES. HE TENIDO QUE IR A TERAPIA Y PEDIR AYUDA PARA ESTAR BIEN MENTALMENTE.

MENTAL HEALTH MATTERS

REAL TALK

Cuando estoy de mal humor: o no hablo o me pongo a bailar. Depende de cómo me sienta.

Tengo mucha ansiedad y a veces me dan ataques de pánico. Incluso he tenido episodios de depresión en los que no tenía ganas de hacer nada, era todo un rollo.

PERO ASÍ ES LA VIDA.

Es difícil hablar de eso, pero también es importante abrirse. A mí me cuesta trabajo, porque cuando intento hablar del estrés que supone toda esta nueva atención, algunas personas me dicen: «Tú te lo buscaste». La vida puede ser difícil, no importa quién seas ni qué te ocurra. Me permito sentir lo bueno y lo malo, y lo hago lo mejor que puedo.

¿En alguna ocasión te has sentido triste
o con ansiedad? ¿Cómo lo has afrontado?

_____

_____

_____

_____

_____

_____

_____

_____

BE KIND
TO YOURSELF

SI PUDIERA TENER UN SUPERPODER, SERÍA VIAJAR AL PASADO.

Viajaría al pasado y arreglaría esas tonterías vergonzosas que hice. ¡No me hubiera puesto brackets transparentes! Ni unos lentes tan gruesos. Tampoco me hubiera puesto los mismos cuatro atuendos cada día. Me encantaría viajar a momentos anteriores de mi vida pero también a otras épocas, aunque sólo por un rato. (Me gusta la época en la que vivo.) ¡Pero ojalá se vuelva a poner de moda la ropa de los ochenta! El otro día vi *Novia se alquila* y todo el rato pensé: «VAYA *LOOKS*».

FLASHBACK

¡Por mi cumple redecoramos mi habitación!

Tengo muchos cojines decorativos en la cama. Mi preferido tiene bordada la frase: «Es mentira, no soy muy fan de las actividades al aire libre», y sigue siendo verdad. Todavía me da alergia ir a acampar.

PARTE CINCO

REDES SOCIALES

Cuando escojo qué bailes subo a internet, ¡nunca lo planeo al cien por ciento! Es muy aleatorio, depende de cómo me sienta ese día. La mayoría de las coreos que subo a TikTok son muy divertidas y fáciles, así ustedes también las pueden aprender. ☺

BEHIND THE SCENES

FIERCE!

CONSEJOS PARA SUBIR CONTENIDO A LAS REDES SOCIALES:

* ¡Hay que ser espontánea! ¡Y sentirse a gusto!
* Comparte lo que tú quieras, no lo hagas sólo para ganar seguidores.
* No subas nada que pueda ofender a alguien en lo más mínimo.
* Guárdate aspectos de tu vida sólo para ti, hay ciertas cosas que son privadas.
* Si subes lo que te hace feliz, no tendrás que preocuparte de mantener una fachada.
* La ropa es una forma de expresarse, ponte algo con lo que estés cómoda.
* Sube fotos que te gusten, aunque no sean de «nivel influencer». No tienes que estar siempre superarreglada para tomarte una buena foto.
* Comparte fotos del «detrás de cámaras» de tu vida.
* Encuentra un filtro que te guste. Mi preferido es uno de VSCO que personalicé.
* Respeta a la gente y, pase lo que pase, sé amable.
* ¡Sé tú misma y diviértete!

74

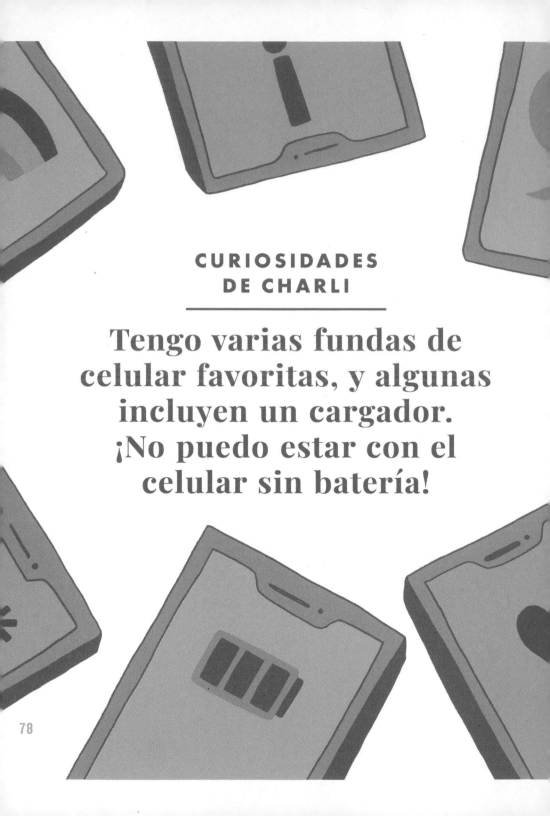

Tengo varias fundas de celular favoritas, y algunas incluyen un cargador. ¡No puedo estar con el celular sin batería!

NUNCA INTENTES SER ALGUIEN QUE NO ERES, NI EN LA VIDA REAL NI EN INTERNET. SERÍA MUY FÁCIL PROYECTAR UNA IDENTIDAD FALSA EN INTERNET, PERO SOY COMO SOY, ¡Y NO DEPENDE DE SI ESTOY HABLANDO CON DIXIE O SI SUBO ALGO A INTERNET!

TRUE TO MYSELF

Sólo hay una persona como tú, y recuerda: ¡eres suficiente!

CHARLI D'AMELIO

THE TONIGHT SHOW JIMMY FALLON

673S-9

TODO LO QUE HAGO ES GENUINO, ME GUSTA QUE SEA ASÍ.

Como decía, para la mayoría de las fotos uso un filtro personalizado de VSCO. Éste es el secreto:

* AL3: al máximo
* Exposición: −1.7
* Contraste: −1.1
* Saturación: +0.3
* Tono de piel: −0.9

PRO TIP!

No te preocupes si no tienes un equipo sofisticado para tomar fotos o videos. La mitad de las veces que necesito un tripié para el celular, uso una botella de agua que tenga a la mano o un rollo de papel de cocina. ¡Pásatela bien y disfruta del momento, y se notará muchísimo en el resultado!

La gente piensa que me conoce, pero entonces ¡ZAS! Hago algo que no se esperaban. Me gusta tener a la gente en vilo.

84

¡SOY IMPREDECIBLE!

Conocí a mi mejor amiga en una clase
de baile cuando tenía doce años. No íbamos
a la misma escuela ni nada, pero conectamos
enseguida. ¡Y somos mejores amigas desde
entonces! Nunca sabes dónde puedes conocer
a la persona que se convertirá en
tu mejor amigo.

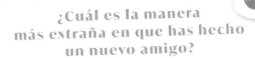

¿Cuál es la manera
más extraña en que has hecho
un nuevo amigo?

_____
_____
_____
_____
_____
_____
_____
_____
_____

ESPERO QUE LA GENTE VEA QUE SOY UNA PERSONA REAL, NO SÓLO UNA CHICA QUE LES SALE BAILANDO EN EL CELULAR.

REAL TALK

No comparto mucho de mí misma en internet, y normalmente la gente me hace las mismas preguntas sobre cómo he llegado hasta aquí. ¡No suelo hablar demasiado de eso! Mis amigos y yo intentamos vivir en el presente, así que este libro es una manera de compartir un poco más de mi vida con ustedes.

ME!

REAL TALK

Yo soy supernormal, más del tipo: «Mi perra es mi única amiga», así que también es medio rara. Si miran mi Twitter, ¡no volverán a verme de la misma manera!

GET CREATIVE

Normalmente, cuando subo algo a TikTok, el tipo de contenido que hago depende de en qué humor esté ese día. ¡A veces me reto a mí misma para ver qué soy capaz de hacer!

♪ TikTok
@charlidamelio

NO HAY UNA SOLA MANERA
DE SER CREATIVA.
¡HAY MUCHÍSIMAS! A ALGUNAS
PERSONAS LES GUSTA
PLANIFICARLO TODO Y A OTRAS,
COMO A MÍ, NOS GUSTA DEJARNOS
LLEVAR POR EL MOMENTO.
SÉ CREATIVA DE LA FORMA QUE
MEJOR ENCAJE CON TU ESTILO.

SI QUIERES FOMENTAR LA CREATIVIDAD:

* Escucha tu energía, tienes que estar en sintonía contigo misma.
* Cuando tengas ganas de hacer algo, ¡lánzate!
* ¡Recibe el reto con los brazos abiertos y ponte las pilas!
* ¡Pásatela bien y sé amable! A mí siempre me han dicho que hay que ser simpática, y es verdad que ayuda mucho.

LISTEN TO YOUR ENERGY

KEEP ON CREATING

EMBRACE CHALLENGES !

HAVE FUN!

**CURIOSIDADES
DE CHARLI**

Me cuesta mucho
decidir cuál es mi color
favorito, no quiero
que los otros colores se
sientan mal.

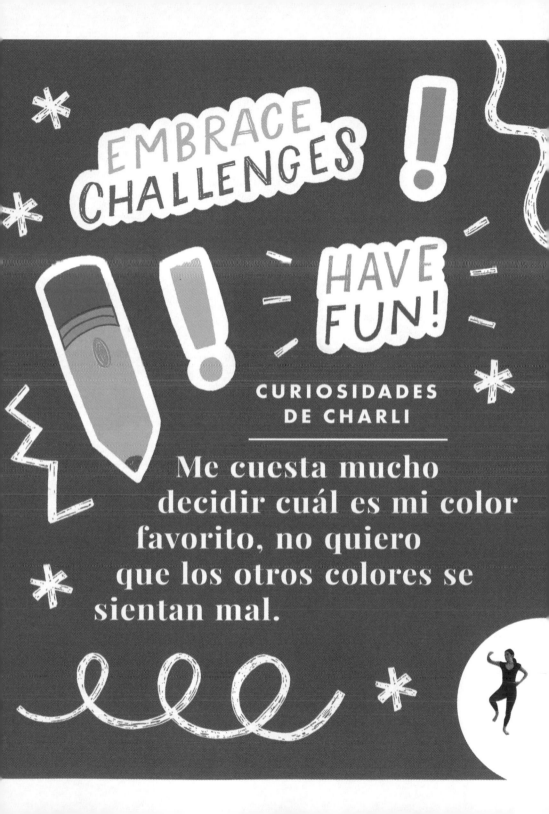

KEEP IT REAL

Quien soy me resulta muy natural ahora mismo. La vida cambia y yo también cambiaré y creceré. Pero ahora soy muy feliz y creo que cualquier cambio sería para mejor, o eso espero.

REAL TALK

Mis papás tienen sus propias cuentas en las redes sociales. Suben videos familiares viejos y me gusta que también estén en las redes. TikTok es muy divertido y puedes subir lo que te apetezca. Mis papás no me ponen en ridículo, pero de vez en cuando echo un vistazo a lo que comparten por si acaso.

COLLAB

¡Quiero hacer una colaboración con Emma Chamberlain o Madison Beer! ¿A ti con quién te gustaría colaborar?

_____

_____

_____

_____

_____

_____

_____

APROVECHAR EL TIEMPO AL MÁXIMO

CURIOSIDADES
DE CHARLI
Mis cosas preferidas:
PAINTING
DANCE
NAILS

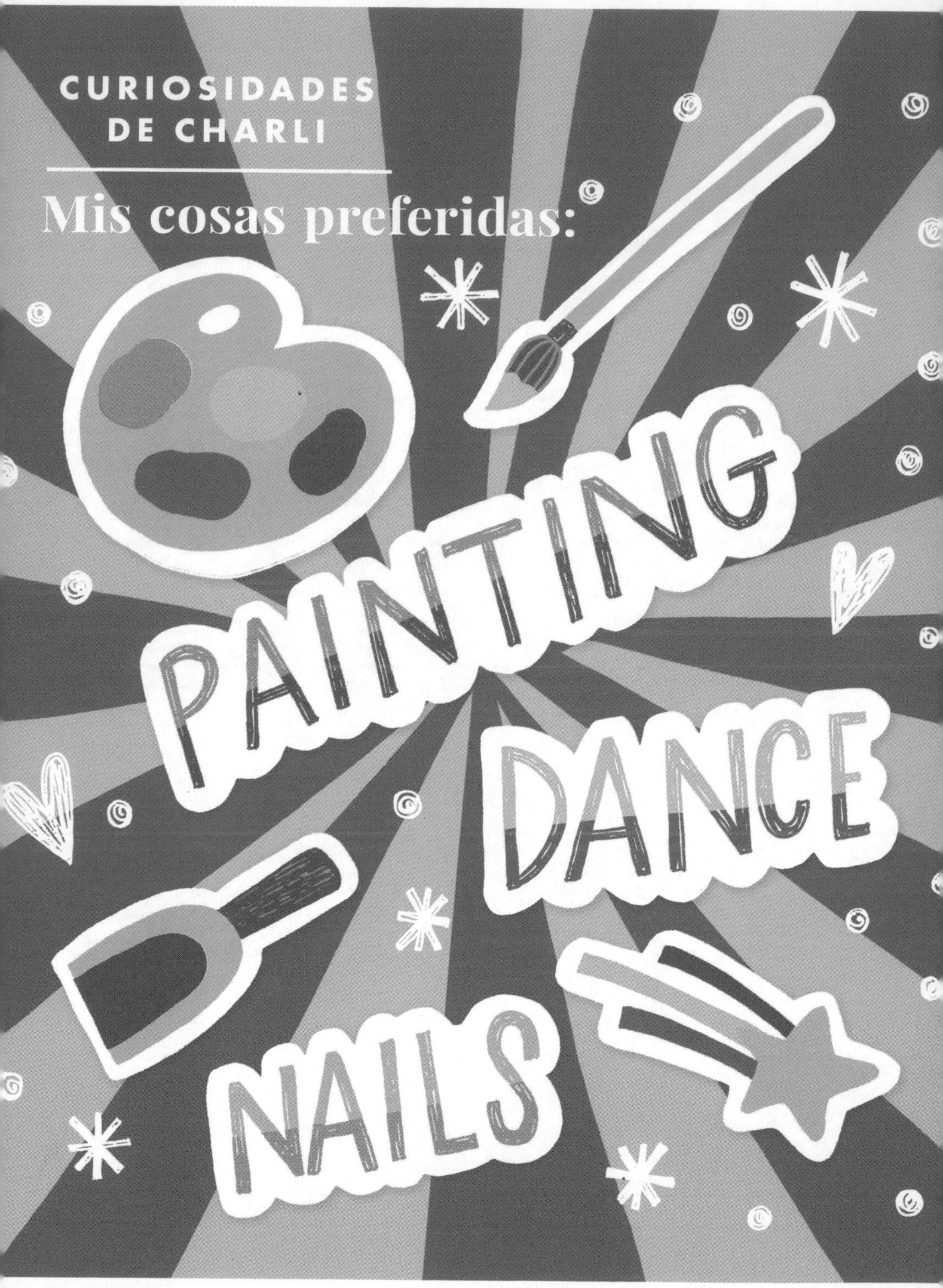

Hacer videos de baile es superdivertido,
¡pero a veces necesito una pausa! Para descansar
y cuidarme, me gustan las cosas simples:
por ejemplo, comer helado o tomar un café,
o bañarme con agua caliente. Y me encanta
arreglarme las uñas, hacerles cariños a mis perros
y ponerme mascarillas faciales. ¡Las cosas simples
son las más esenciales!

¿Cuáles son tus rutinas para cuidarte?

SELF-
CARE

Mis pelis y series
preferidas son:

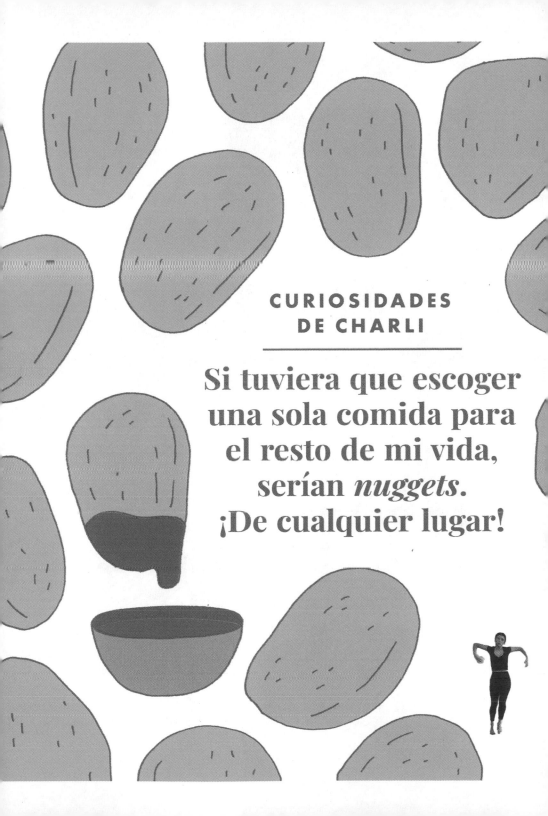

Si tuviera que escoger una sola comida para el resto de mi vida, serían *nuggets*. ¡De cualquier lugar!

CREATIVE FREEDOM!

BAKING = HAPPINESS

Mi regla de oro: necesito la mayor libertad creativa, o si no lo que haga no parecerá real.

En la página de Explorar de Instagram encuentro a personas que hacen platos y postres gourmet. Me encanta ver a gente haciendo pasteles y postres. ¡Algunos cocineros tienen un talento espectacular! Ojalá pudiera llegar a ese nivel, pero lo dudo. Intento preparar dulces, pero arruino incluso las recetas más sencillas. ¡Sigo practicando!

Mis dulces preferidos
son los merengues de vainilla
y los pasteles de helado.

PARTE SIETE

FAMILIA

No sé qué tipo de familia me gustaría tener de mayor. ¿Niños, perros, los dos? O sea, ¿qué te da más lata: los perros o los niños? Yo doy mucha lata, así que si tuviera un hijo como yo... Bueno... ☺

SQUAD

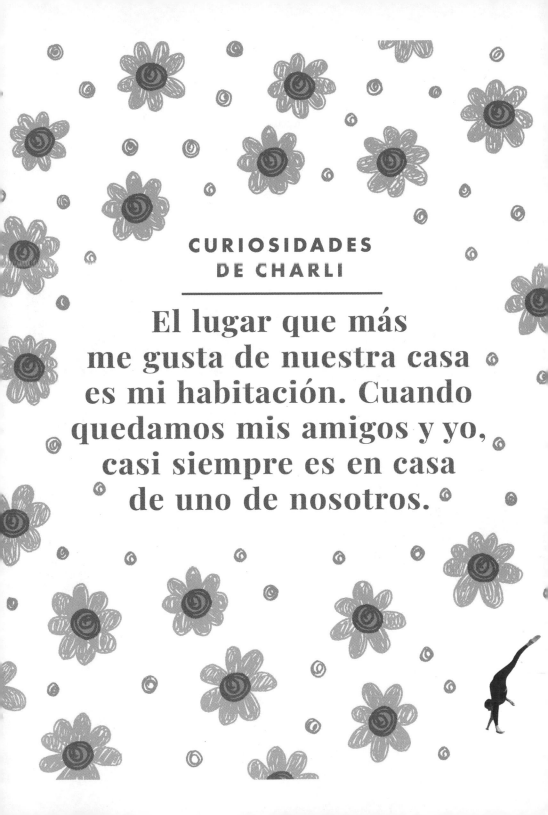

CURIOSIDADES
DE CHARLI

El lugar que más
me gusta de nuestra casa
es mi habitación. Cuando
quedamos mis amigos y yo,
casi siempre es en casa
de uno de nosotros.

No sé si mucha gente habría llevado esta locura que estoy viviendo tan bien como mi familia. Es muy *cool* que me haya tocado una familia que está tan dispuesta a afrontar lo que venga. Mi familia y yo siempre hemos tenido muy buena relación y sé que me apoyarán al cien por ciento si las redes sociales o mis amigos me fallan. Agradezco mucho contar con ellos como mi sistema de apoyo en toda esta aventura.

A mi familia y a mí nos encanta el helado y ver películas juntos. ¿Qué actividades en común hacen tu familia y tú? ¿Qué les gusta hacer juntos?

FAMILY TIME

A mis papás nunca les ha gustado decirme cómo tengo que vestirme, porque la ropa es una manera de expresarse y es importante que te pongas algo que te gusta y te haga sentir bien.

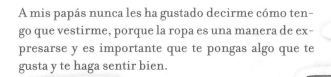

THE FAM

LOVE THEM

118

Mis papás son partidarios de dejarme que me exprese a mi manera.

FAMILY

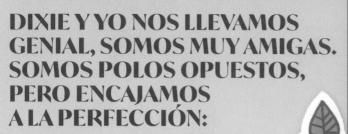

DIXIE Y YO NOS LLEVAMOS GENIAL, SOMOS MUY AMIGAS. SOMOS POLOS OPUESTOS, PERO ENCAJAMOS A LA PERFECCIÓN:

* Yo soy reservada y ella es más extrovertida.
* Ella es alta, yo más baja.
* Dixie es deportista y yo soy más femenina.
* Tenemos un sentido del humor muy diferente: yo soy sarcástica y muy seca, la gente nunca está segura de si estoy bromeando, y su humor es muy del estilo millenial.

EXTROVERTIDA

RESERVADA

BAJITA

SISTERS ♡

▶ YouTube Space

FEMENINA

ALTA

DEPORTISTA

REINA DE LOS MEMES

¿Y en qué aspectos nos parecemos? Cuando nos aburrimos, a las dos nos encantan los memes graciosos. Y las dos somos un poco raritas. ☺

Llamo a mis abuelas MaMa y Nett. MaMa vive en Connecticut, y Nett en Luisiana. No veo a Nett muy a menudo, pero cuando nos vemos es genial. Mis abuelas son las mejores, y las dos cocinan delicioso. MaMa es superitaliana, y sus especialidades son la pasta de cualquier tipo, las chuletas de pollo y el puré de papa. Y Nett hace comida cajún, sobre todo arroz con salsa de carne. Nett es la mamá de mi mamá, y MaMa la de mi papá.

Me llevo muy bien con mis abuelas.

FAMILY LOVE

¿Cuáles de tus platos favoritos
son tradicionales en tu familia?
¿A qué te recuerdan?

SOY UNA BUENA COMBINACIÓN DE LOS RASGOS DE MIS PAPÁS.

Cuando necesito consejos más sentimentales, hablo con mi mamá. Y con mi papá hablo de problemas que puede ayudarme a resolver. Los dos me ayudan, pero con cosas diferentes. A mi papá le diría más bien: «Dixie descompuso la computadora, estoy triste y enojada y no sé qué hacer». Y él se encargará. A mi mamá le pido ayuda con temas de amigos, rupturas y cosas así.

FAMILY FUN!

THE D'AMELIOS

¿A quién acudes cuando necesitas consejo, y cuándo? ¿Recuerdas algún caso en el que un familiar haya hecho lo que hiciera falta para ayudarte cuando necesitabas algo?

Estoy muy agradecida de que mis papás estén siempre dispuestos a apoyarme, ¡no importa lo que decida hacer!

SUPPORT SYSTEM

PARTE OCHO

RELACIONES

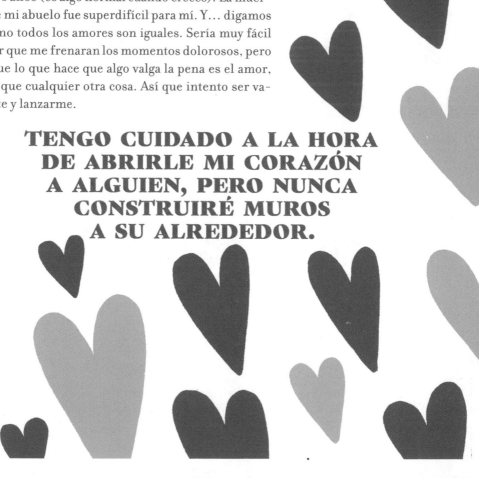

Las relaciones son preciosas, increíbles y, a veces, difíciles, tanto si se trata de amistades como de relaciones románticas o familiares. Tengo suerte de tener una familia tan fuerte y que me apoya tanto: mis papás, Dixie, mis perros y el resto de mi familia. Y soy muy afortunada de haber vivido tantas experiencias graciosas y divertidas con mis amigos, y de haber tenido momentos dulces con mis parejas.

¡Pero no siempre ha sido fácil! Me he peleado con mis amigos algunas veces, pero por suerte somos buenos en resolver nuestros problemas. En algún punto, mis amigos y yo nos distanciamos con el paso de los años (es algo normal cuando creces). La muerte de mi abuelo fue superdifícil para mí. Y… digamos que no todos los amores son iguales. Sería muy fácil dejar que me frenaran los momentos dolorosos, pero sé que lo que hace que algo valga la pena es el amor, más que cualquier otra cosa. Así que intento ser valiente y lanzarme.

TENGO CUIDADO A LA HORA DE ABRIRLE MI CORAZÓN A ALGUIEN, PERO NUNCA CONSTRUIRÉ MUROS A SU ALREDEDOR.

Las relaciones, tanto las buenas como las malas, te permiten aprender mucho sobre ti misma como persona. De lo que he vivido en mis relaciones, he aprendido mucho sobre mí misma en general, y también me he convertido en una persona más fuerte por cómo fueron esas relaciones.

LO QUE ME HACE MÁS FELIZ ES ESTAR RODEADA DE PERSONAS QUE ME HACEN SENTIR ACEPTADA AL CIEN POR CIENTO TAL COMO SOY.

Tener una relación y que sea pública en las redes sociales puede ser difícil, porque si termina la gente cree que tiene derecho a conocer hasta el más mínimo detalle. Pero todo el mundo se merece algo de tiempo y espacio para procesar en la intimidad los altibajos que se dan en una relación. Eso es lo que he intentado hacer, y sin duda me ha ayudado a sanar y ser más fuerte.

LAS RELACIONES SE BASAN EN LA CONFIANZA Y EN LA SINCERIDAD.

Confío absolutamente en mi hermana, Dixie. Nos contamos todo y, como es mayor, me suele dar buenos consejos.

Admitir tus errores es una de las mejores maneras de construir una relación sana.

SI TE HE HECHO DAÑO DE ALGUNA MANERA, AUNQUE SEA SIN QUERER, Y ME LO EXPLICAS CON SINCERIDAD, SIEMPRE TE ESCUCHARÉ Y RESPETARÉ. UN AMIGO DE VERDAD SE PREOCUPA POR CÓMO HACE QUE SE SIENTAN LOS DEMÁS.

Lo que más odio es que la gente mienta. Saber que alguien me ha mentido es el peor sentimiento que hay. Y, como sé que es hiriente, intento no mentir nunca. Si meto la pata y digo alguna mentira, me siento obligada a admitirlo. Primero, porque me siento mal; me siento superculpable y no me gusta la idea de haberle hecho daño a alguien. Y, segundo, porque la verdad casi siempre acaba saliendo a la luz. ¡Es inútil no admitir tus errores!

CONSEJOS PARA UN CORAZÓN ROTO:

* A menudo, la idea de volver a empezar es más dura que el hecho de volver a empezar en sí. Sé valiente, al final te sentirás completamente bien.
* Recuerda: si te das cuenta de que tu pareja no es la persona ideal para ti, ¿de qué sirve seguir intentándolo?
* Si alguien no te trata bien y en el fondo sabes que te mereces que te traten mejor y te hagan sentir bien, no vale la pena.
* Cuanto más tiempo te quedes en la relación, más difícil será salir de ella.

CURIOSIDADES DE CHARLI

Mis sabores favoritos de helado son vainilla y galletas con trocitos de chocolate.

Si en algún momento tienes una relación que no te hace feliz (una amistad, una relación romántica o lo que sea), ármate de valor y sal de esa situación lo antes posible. Si alguien no te hace sentir bien contigo misma, es importante que te alejes de esa persona. No sólo te hará más daño cuanto más tiempo pases con él o ella, sino que, además, cuando tengas el valor de salir de la relación, te sentirás muy empoderado y ganarás mucha confianza. Si tienes la sensación de que será muy difícil, repítete este mantra: «Tienes que ser más valiente que nunca». ¡Tú puedes! Yo también lo he tenido que hacer y ahora soy más feliz.

Al principio de una relación o una amistad, hazle caso a tu instinto. A veces cuando hablo con un amigo nuevo hay algo que no termina de encajar. En esos casos, es en plan: «No, esta persona no me conviene». He tenido que practicarlo un poco, pero ahora escucho a la vocecita que hay en mi interior y siempre le hago caso. ¡Hay que tener mucho valor para apartarte de algo que no es bueno para ti!

REAL TALK No tengo amores platónicos, nunca he sido muy fangirl.

YOU'RE LOVED

Para mí, salir de una relación tóxica
y acudir a mi familia y a mis amigos
de confianza siempre me ha permitido
iniciar el proceso de sanación.
Recuerda: te quieren.

¿Qué te ha hecho sentirte mejor después
de que terminara una relación
o una amistad?
¿Cómo te recuperaste?

VER QUE MIS PAPÁS
TIENEN UNA RELACIÓN
QUE LOS HACE FELICES
Y QUE SE APOYAN
MUTUAMENTE ME HA
SERVIDO COMO UN
GRAN EJEMPLO DE LO
QUE BUSCO EN UNA
RELACIÓN.

MOM AND DAD

Mis papás se casaron a los veintitantos. Se conocieron en la ciudad de Nueva York. Mi mamá se había mudado allí desde Luisiana, y mi papá ya vivía en Nueva York. Mi mamá trabajaba de entrenadora personal en un gimnasio, y un amigo de mi papá la conoció y los presentó. Son lindísimos.

ROLE♥
MODLES

PARTE NUEVE

A LA VISTA
DE TODOS

ME ENCANTA MI VIDA, PERO DE VEZ EN CUANDO ME GUSTARÍA HACER UNA PAUSA.

Entonces me doy cuenta de cuánto ha mejorado mi vida. Bailo y lo subo a internet para divertirme, y sigo pasándomela bien. Aunque a veces los comentarios desagradables pueden lastimarme, los veo como una oportunidad para hacerme más fuerte.

He vivido muchísimas cosas increíbles gracias a toda esta aventura, pero seguiría haciendo videos de baile incluso si no tuviera ningún seguidor. ¡Haría exactamente lo mismo! El objetivo no es que la gente se fije en mí, sino hacer lo que me apasiona.

Y, como todo el mundo, cuando me canso de estar delante de una cámara me tomo un tiempo a solas para recargar las pilas.

DO WHAT YOU LOVE

HAVE FUN

ESCÚCHATE
A TI MISMA Y SÉ
CONSCIENTE DE QUÉ
NECESITAS EN CADA
MOMENTO.

DISCONNECT

CHILL

¿En qué casos sientes más
la necesidad de desconectar?

_____
_____
_____
_____
_____
_____
_____
_____

BRB

La pregunta que más me hacen es: «¿Cómo pasó todo esto?». Se los explicaría si lo supiera, pero ¡es que no tengo ni idea!

Soy muy muy reservada. Cuando la gente me conoce, siempre me dice algo en plan: «¡Wow, eres más tí-
mida de lo que me imaginaba!». Pero cuando agarro
confianza soy muy extrovertida.

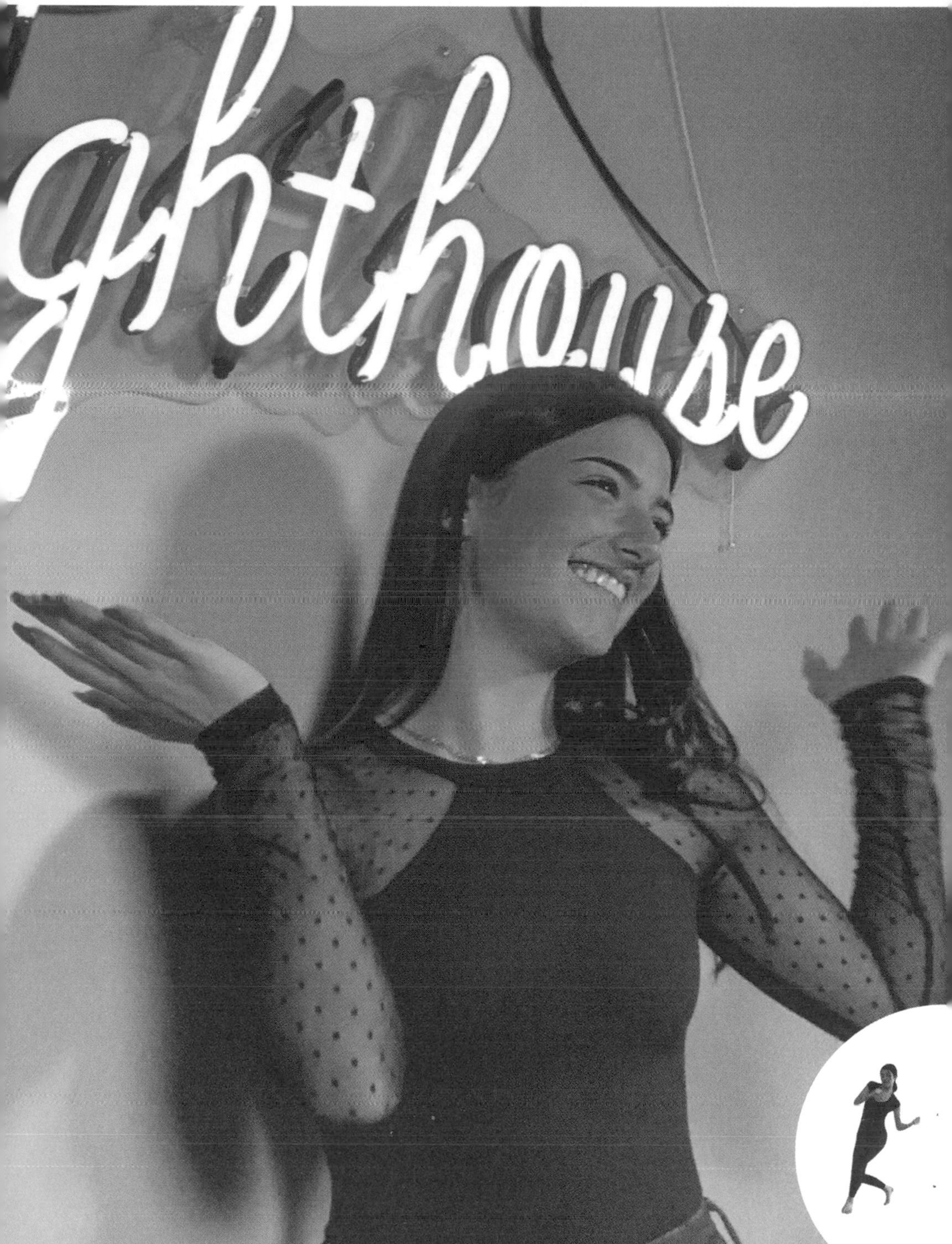
ghthouse

CONOCER A J. LO EN EL SUPER BOWL FUE INCREÍBLE.

Todo parecía irreal, era como estar en un sueño increíble, como si de un momento a otro fuera a despertarme y todo fuera a volver a la normalidad.

Cuando conocí a J. Lo, no podía pensar con claridad. ¡No podía pensar, punto! Me dijo algo como: «Oye, espero que te haya gustado el baile que hicimos», y me contó que sus hijas miran mis videos. Fue increíble cómo bailaba J. Lo, ¡es buenísima! Me pareció una persona supernormal y muy muy dulce y auténtica con todo. Me encantó hacerlo.

00:29:55:21

Me gustaría actuar algún día. Me inicié en el mundo con el doblaje de *StarDog and TurboCat*. Me la pasé genial, lo repetiría sin pensarlo.

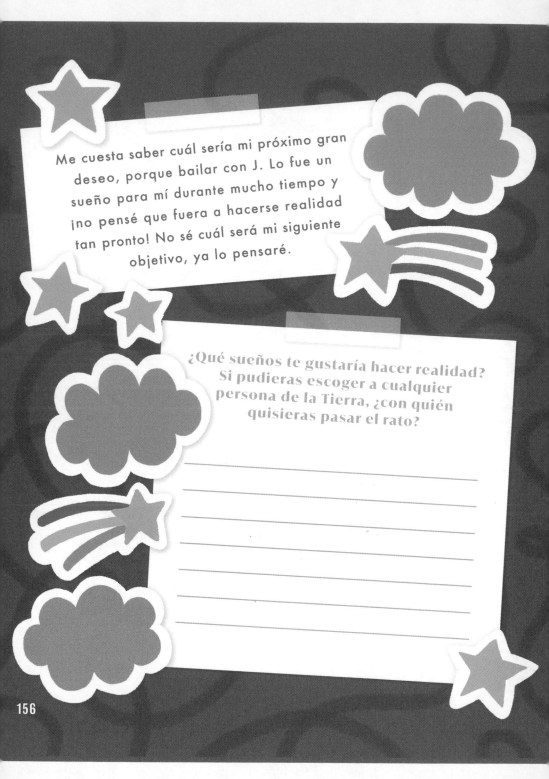

Me cuesta saber cuál sería mi próximo gran deseo, porque bailar con J. Lo fue un sueño para mí durante mucho tiempo y ¡no pensé que fuera a hacerse realidad tan pronto! No sé cuál será mi siguiente objetivo, ya lo pensaré.

¿Qué sueños te gustaría hacer realidad? Si pudieras escoger a cualquier persona de la Tierra, ¿con quién quisieras pasar el rato?

156

Cuando fui a *The Tonight Show Starring Jimmy Fallon* no estaba supernerviosa, pero a la vez me preguntaba: «¿A quién se le ocurrió dejarme venir?». Jimmy fue muy muy buena onda y nos caímos genial. Salir en su programa fue un proceso muy relajado y todo el mundo con quien hablé fue muy genuino y divertido. Creo que ésta es la mejor manera de decidir con quién colaboras: ¡siempre tendría que resultar natural y fácil!

BACKSTAGE!

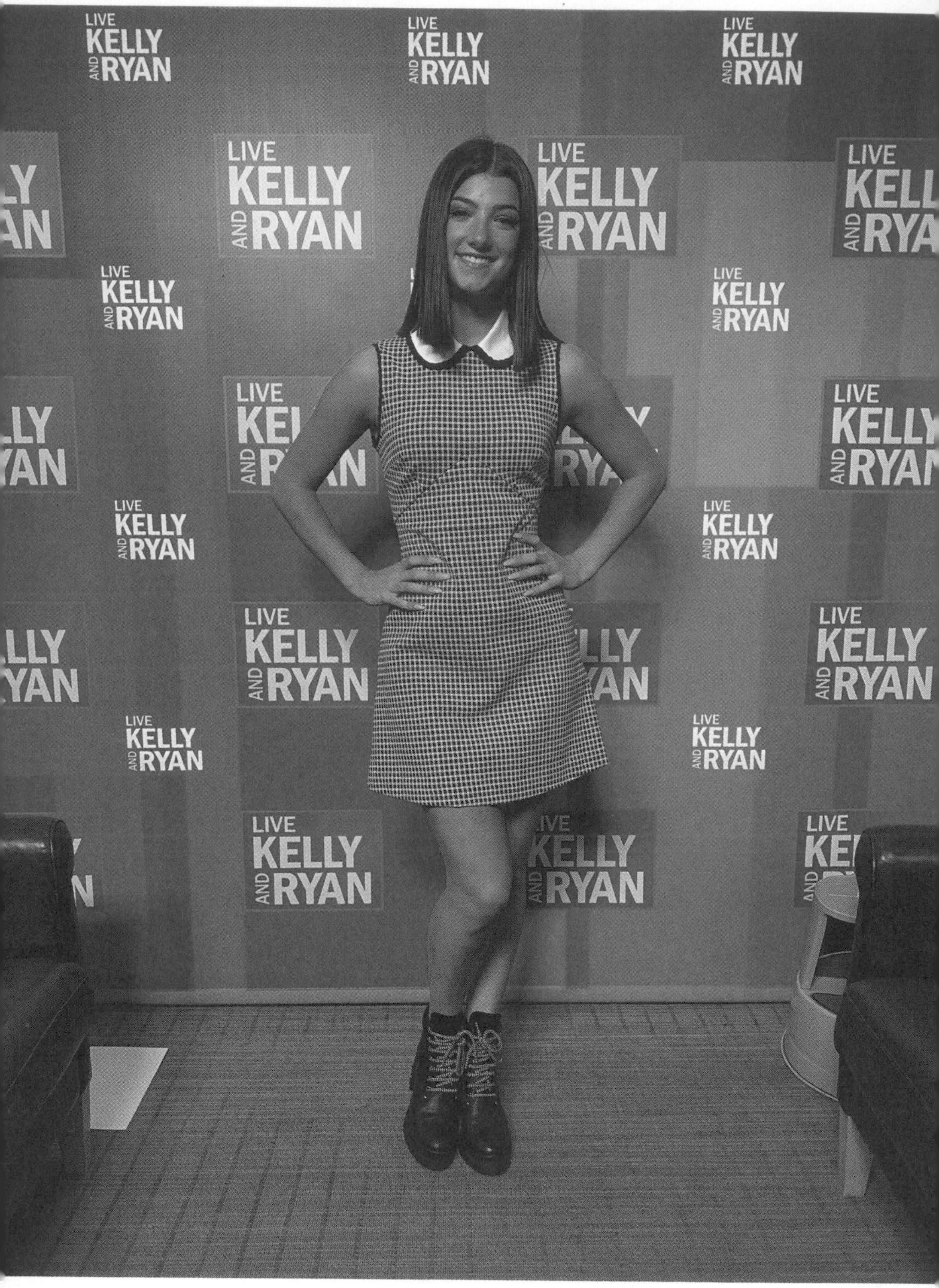
LIVE KELLY AND RYAN

Mi entrevista en *Live with Kelly and Ryan* fue la primera vez en toda la historia del programa en que no había público en vivo, y cuando fui al *The Tonight Show Starring Jimmy Fallon* fue la última vez que el programa tuvo público en vivo antes de la pandemia del coronavirus. Fue una locura.

¡Me encanta este vestido de Miu Miu que me puse para el programa! Me da muchísima confianza.

REAL TALK Cuando me convertí en la primera persona en superar los cincuenta millones de seguidores en TikTok fue rarísimo, de verdad. ¡Estaba dormida cuando pasó!

¡El concierto Jingle Ball de 2019 de iHeartRadio fue mi primera alfombra roja! Fue en Madison Square Garden, en Nueva York, y tuve la ocasión de ver a algunos de mis artistas preferidos: Lizzo, Taylor Swift, Halsey y muchos más. Tanto Dixie como yo fuimos de negro: yo combiné unos jeans con un top con diamantina negra y plateada, y Dixie se puso un bralette con estampado de piel de serpiente y unos pantalones de cuero de tiro alto. Toda la experiencia fue una locura increíble.

CURIOSIDADES
DE CHARLI

Puedo deletrear
el alfabeto al revés.

P: ¿Qué aspecto de
estar en las redes sociales
es más duro?

164

R: Los comentarios y el odio que a veces me llegan. Uno de los comentarios más frustrantes que me dejan es: «¿Por qué tienes tanto *hype*?». Y yo así de: «Pues no tengo ni idea». No es algo que yo haya escogido; ocurrió solo. Intento manejarlo lo mejor que puedo y centrarme en lo positivo.

PARTE DIEZ

USAR MI PLATAFORMA PARA HACER EL BIEN

UN BREVE COMENTARIO SOBRE EL *BULLYING*:

Cuando empezó todo esto, corría a defenderme a mí misma. Después me di cuenta de que hay mucha gente que hace comentarios y vídeos sobre mí, y no puedo responder a todo el mundo ni hacerles cambiar de opinión si lo que buscan es un motivo para que no les caiga bien.

Muchas personas dicen cosas sobre mí que no son ciertas. A veces es difícil no sucumbir a la negatividad, duele demasiado. Todavía no sé cuál es la mejor manera de enfrentarse a esto, pero os daría un consejo: es mejor no leer demasiado los comentarios; de hecho, leedlos lo menos posible. Mis padres siempre dicen: «No conocemos a estas personas tan negativas, así que no vale la pena regalarles tu tiempo y energía».

Creo que lo que más me gusta es que la gente me diga que ha vuelto a bailar gracias a mí, o que los he ayudado de algún modo. Saber que lo que hago ayuda a otras personas hace que las cosas malas parezcan irrelevantes.

Dixie y yo colaboramos con UNICEF en una campaña
en contra del *bullying*. Queríamos asegurarnos de que
transmitíamos unos mensajes muy importantes:
que la gente tiene que ser amable y que el *bullying*
hace daño y no está bien.

DA MIEDO LO COMÚN QUE ES EL *BULLYING* EN INTERNET.

Incluso antes de estar en las redes, no todo el mundo era siempre agradable. Tienes que encontrar a tu gente, y quiero ayudar a los demás a conseguirlo.

FIND YOUR PEOPLE

He cometido errores a lo largo de este proceso, como todo el mundo. Esas experiencias me han permitido aprender y crecer, y este crecimiento personal me ha inspirado a ayudar a la gente en la medida que pueda. Se siente muy bien ayudar a otras personas, aunque sea con poco, incluso con una sonrisa o unas palabras amables. ¡Me gustaría hacer tanto! Voy paso a paso, pero haría todo lo que está en mis manos para cambiar muchas cosas en el mundo.

COSAS QUE ME APASIONAN:

LUCHA CONTRA EL BULLYING

DERECHOS DE LOS ANIMALES

CAMBIAR LAS COSAS

¿Qué causas son las que
te interesan más? ¿Cómo puedes
mejorar las cosas en tu colonia
o a mayor escala?

MAKING A DIFFERENCE

SI PUDIERA RESOLVER UN PROBLEMA MUNDIAL, SERÍA LA SEGURIDAD. QUIERO QUE TODO EL MUNDO SE SIENTA A SALVO, NO IMPORTA DÓNDE ESTÉN NI QUÉ ESTÉN HACIENDO.

REAL TALK

A la hora de aceptar un proyecto, me baso en si transmite un mensaje positivo y si encaja con mis valores. Si es algo bueno, quiero compartirlo con todo el mundo.

unicef
for every child

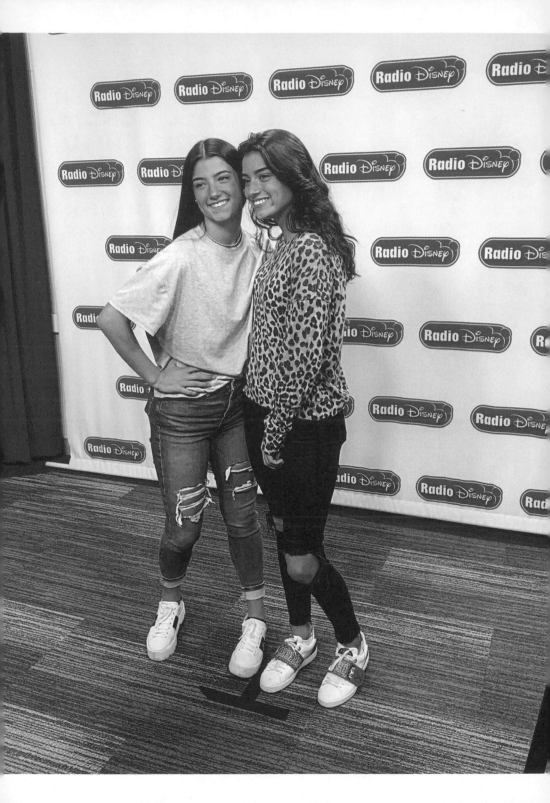

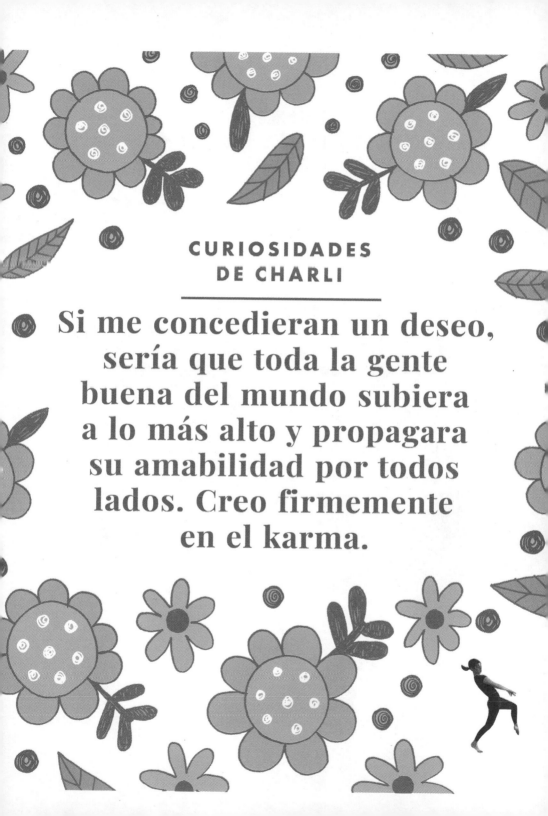

CURIOSIDADES DE CHARLI

Si me concedieran un deseo, sería que toda la gente buena del mundo subiera a lo más alto y propagara su amabilidad por todos lados. Creo firmemente en el karma.

¡ES GENIAL TENER UNA PLATAFORMA PARA SER UN EJEMPLO A SEGUIR!

YOU'RE WORTH IT

Me encanta compartir con mis seguidores las cosas que son importantes para mí. En especial, espero conseguir que las personas que se sienten rechazadas o inseguras sepan que hay gente que también los quiere y los aprecia por quiénes son.

INTENTO DEMOSTRAR A LA GENTE QUE, SEAS QUIEN SEAS, TÚ LO VALES.

Sé la mejor versión de ti misma y todo irá bien.

KIND   POSITIVE

ALGUIEN QUE TIENE
EL VALOR SUFICIENTE
PARA DECIR LA VERDAD
Y QUE SIEMPRE ESTÁ
DISPUESTO A ANIMAR
A LA GENTE ES UN
BUEN EJEMPLO.

BRAVE   GRACIOUS

FRIENDLY

GENEROUS

UNIQUE

HONEST

AGRADECIMIENTOS

A mi mamá y mi papá; a mi hermana, Dixie, y a mis amigos: gracias por estar ahí siempre que lo necesito. No puedo imaginarme cómo sería vivir esta locura sin ustedes.

A mi equipo: gracias a todos los que me apoyan y me han ayudado a hacer realidad sueños que ni siquiera me había dado cuenta de que tenía.

Quiero dar las gracias especialmente a Brandi Bowles, de United Talent Agency; y a Anne Heltzel, Amy Vreeland y Jessica Gotz, de Abrams Books, por guiarme en el proceso de crear mi primer libro.

Gracias, Steph Stilwell, por las ilustraciones y el diseño; y gracias, Brenda Angelilli, por la dirección de arte de este increíble libro que capta a la perfección mi estilo.

Muchas gracias a todos los fotógrafos geniales que proporcionaron las fotos que salen en este libro: Zusha Goldin (40, 49), Jordan Matter (60), Lance Sanchez (70, 84), Jake Doolittle (73, 75), Daniel Diamond (98, 116, 125, 128, 131, 140) y Bryant Eslava (110).